LES

BEAUX-ARTS ITALIENS

A

L'EXPOSITION UNIVERSELLE DE PARIS

1867

PAR

MARCELLO RANZI

Membre de l'Institut historique de France,
Membre du Jury international,
Chevalier de l'ordre des SS. Maurice et Lazare et du Christ de Portugal.

PARIS

DRAMARD-BAUDRY ET Ce, LIBRAIRES-ÉDITEURS,
12, RUE BONAPARTE.

1867

BEAUX-ARTS ITALIENS

A

L'EXPOSITION UNIVERSELLE DE PARIS

1867

Paris. — Imprimé par E. Thunot et Cᵉ, 26, rue Racine.

LES
BEAUX-ARTS ITALIENS

A
L'EXPOSITION UNIVERSELLE DE PARIS
1867

PAR

MARCELLO RANZI

Membre de l'Institut historique de France,
Membre du Jury international,
Chevalier de l'ordre des SS. Maurice et Lazare et du Christ de Portugal.

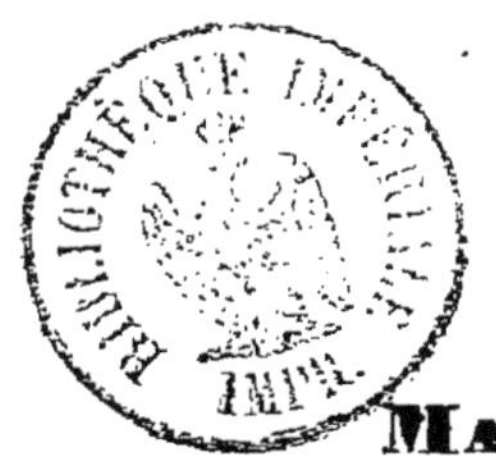

———⊰❖⊱———

PARIS

DRAMARD-BAUDRY ET Cᵉ, LIBRAIRES-ÉDITEURS,

12, RUE BONAPARTE.

———

1867

L'ÉCOLE ITALIENNE.

Avant de soumettre à l'examen du public le œuvres des artistes italiens qui ont été présentées à l'Exposition universelle de 1867, nous allons faire quelques considérations rétrospectives sur l'histoire des beaux-arts en Italie pendant notre siècle, afin que l'on puisse se rendre compte de la direction qui a été suivie par maints hommes d'un talent distingué, du but qu'ils se sont proposé et qu'ils ont atteint. Ce n'est pas une longue étude que nous avons l'intention de faire; il nousfaudrait sortir pour cela des bornes de cette brochure. Nous allons seulement exprimer quelques idées, que nous nous flattons de voir bien accueillies par les jeunes artistes. Aimant la liberté, ils feront sans doute écho à une voix bienveillante qui leur crie : « Émancipez-vous; prenez votre essor vers le beau et l'idéal; ne craignez pas de vous révolter contre des règles étroites et odieuses qui empêchent le développement de votre talent et menacent d'étouffer en vous-mêmes l'originalité qui seule peut vous rendre grands. »

Il est incontestable qu'au commencement de notre siècle les beaux-arts étaient en pleine décadence, quoiqu'il ne manquât pas d'artistes éminents. Il paraissait de temps en temps quelque signe, qui montrait que l'amour du beau n'avait pas disparu ; mais il manquait un génie indépendant, hardi qui osât rompre les entraves du baroque. L'Italie trouva enfin cet homme de génie : ce fut Canova. Non-seulement l'Italie même, mais l'Europe entière lui a rendu justice en l'appelant le restaurateur de l'art italien. Ce grand artiste abandonna tout à fait, dans ses œuvres, les principes de la décadence, qui avaient été introduits et soutenus par des artistes conventionnistes, et remplaça un art faux et glacial par l'étude du style grec réunie à celle des beautés de la nature. Il ouvrit par là une ère nouvelle pour les arts en leur donnant la direction qui les fit admirablement avancer et grandir dans la suite. Après avoir posé le principe fécond du retour à l'étude de la nature et de l'art ancien, il ne fut pas difficile à Canova de créer une école destinée à continuer l'œuvre du maître.

En Lombardie, Traballesi s'était fait l'initiateur d'une réforme dans la peinture. Ce fut un artiste éminent et fécond, Appiani, qui en poursuivit l'œuvre, et lui donna un grand développement en introduisant l'élément de l'actualité. Le premier pas dans ce rajeunissement de l'art, ce fut le tableau d'Appiani, représentant Napoléon Ier au passage du Saint-Bernard à la tête de l'armée française

Pendant qu'en Italie les beaux-arts prenaient par ces efforts une nouvelle vie, David, en France, tout plein du sentiment de l'art ancien, le reproduisait dans ses œuvres et exerçait sur les artistes français et dans toute l'Europe une influence salutaire qui n'a pas encore cessé.

Camuccini, doué d'un talent supérieur, profite de ces essais et se fait, à Rome, chef d'une école italienne, qui prêche la renaissance classique et produit Diotti, Agricola, Minardi, Durantini, etc.

Diotti étant de retour de Rome à son pays natal, à Bergame, se fait l'apôtre, en Lombardie, des doctrines de Camuccini et forme une phalange d'élèves, dont le meilleur est François Coghetti.

Bossi, Palagi de Bologne, sont professeurs à Milan et introduisent dans les beaux-arts le culte de l'archéologie et de la science.

A ce moment, on peut dire que l'art s'est relevé. Malheureusement les artistes adoptant une manière ou l'autre, sacrifièrent leur génie à une imitation servile et manquèrent de cette originalité que l'on remarque chez les maîtres anciens.

Cependant ce fut de ces éléments que se développa le principe de l'art contemporain, appelé par convention *art romantique*. Il s'ensuivit une rivalité, une lutte entre cette école et l'*école classique*. C'était aussi le temps de la lutte entre les deux écoles littéraires appelées de même *romantique* et *classique*.

Les beaux-arts et la littérature exercent réciproquement une influence morale. Les événements, les besoins, les idées littéraires d'une époque sont toujours dans un rapport plus ou moins étroit avec l'état et le développement des beaux-arts. C'était alors que Manzoni, Grossi, Colletta, Giusti publiaient leurs immortels ouvrages. Les romans, les drames, les romances avaient envahi le champ littéraire ; on chantait les dames, les chevaliers, les armes, les amours. Ce remarquable mouvement littéraire eut son pendant dans le mouvement qui s'accomplit dans la peinture et la sculpture. Les événements politiques de ce temps-là, parmi lesquels la guerre pour l'indépendance grecque, célébrée par la muse de Byron, les vicissitudes de la littérature et de l'art en France, conformes à celles qui avaient lieu en Italie, contribuaient à faire entrer l'art dans de nouvelles voies.

Le changement de personnages, d'habits, de types, d'armures, produit une révolution dans la forme artistique et surtout dans la peinture. On met de côté les manteaux grecs et les chaussures romaines de l'école classique. Cela donne un plus grand développement à l'école romantique, dont Hayez et Palagi se trouvent les chefs, presque sans le vouloir. Un vaste champ d'activité s'ouvre devant eux. Le premier l'exploite presque exclusivement.

Pendant que cela arrivait dans la haute Italie, à Rome l'école de Camuccini, à l'ombre des chefs-d'œuvre de Michel-Ange et de Raphaël, restait immobile dans ses traditions et inaccessible au mouvement révolutionnaire. Ce culte inébranlable des bons principes et des grands maîtres était aussi respectable et contribuait indirectement au progrès qui s'accomplit pendant notre siècle, dans les beaux-arts, ainsi que dans toutes les autres branches de l'activité humaine. En effet, c'est par l'étude consciencieuse des grands modèles, des chefs-d'œuvre d'un mérite incontesté, jointe à de nouveaux éléments, que l'art pourra se renouveler. L'art nouveau ne doit être ni une copie servile de l'ancien ni un caprice déréglé de nouveauté, mais l'alliance du sentiment esthétique moderne avec les saines traditions de l'art même lorsqu'il atteignit son apogée.

Rome a été et reste toujours le foyer de l'art. C'est là que les artistes de toutes les nations, des Italiens, des Français, des Anglais, des Allemands, des Russes, des Espagnols, se serrent la main dans une communauté d'études et d'admiration pour la nature et pour les monuments. Une jeunesse pleine d'enthousiasme, élevée dans les bons principes, entretient un feu sacré auquel elle se réchauffe elle-même. Ne parlons pas de Vernet, d'Ingres, de Lorenz, de Delaroche, de Cornelius, d'Overbek, de Riedel, de Tenerani, de Podesti, de Consoni, dont les noms retentissent dans la ville éternelle qui est fière de les avoir accueillis. Mais en parcourant les salles consacrées aux beaux-arts chez toutes les nations, au palais du Champ de Mars, l'on rencontre des noms qui sont bien connus et bien chers à Rome, l'on admire des tableaux et des statues qui ont été conçus, qui sont nés à l'ombre du Colisée. Robert Fleury, Français, Cabanel, Carpeaux, les Allemands Wurzinger, Kaulbach, Feuerbach, Bōchlin, le Russe Ivanoff, l'Espagnol Rosalez, Palmaroli, Piloty, sont des génies que le soleil de Rome a réchauffés, qui ont su allier l'ancien avec le nouveau et fonder une nouvelle école.

Nous n'osons pas entrer dans un examen détaillé des œuvres de tous ces artistes : ce n'est pas là notre tâche. Notre but est de faire une courte introduction au catalogue des exposants Italiens, de nous arrêter par-dessus tout sur l'école qui se forma pendant les derniers temps à Rome, et à laquelle appartiennent les œuvres principales du salon italien. Nous voulons faire là-dessus des observations courtes et générales.

Nous avons pu connaître à Rome, presque en même temps, une partie des artistes italiens vivants les plus renommés. C'est là que nous avons vu réunis dans une bonne camaraderie Ussi, Celentano, Puccinelli, Costaromano, Leyton, Faruffini, Wiseman et Cortese. Morelli, Gamba et Bertini venaient aussi de temps en temps grossir cet escadron sacré. Ce ne peut pas être par un simple hasard que ces noms mêmes se lisent au-dessous des œuvres principales de l'exposition italienne de peinture. Nous avons voulu faire une mention rapide de cette communauté de berceau, avant de parler des manifestations et des tendances de cette nouvelle école italienne.

On ne pourrait dire qu'avant le mouvement romantique, l'art était tout à fait éteint.

A Naples, le professeur Mancinelli en tenait haut le drapeau : son tableau le *Saint-Charles*, présenté à l'Exposition, peut en témoigner. Mais la plus forte impulsion est due à Philippe Palizzi, qui s'étant consacré à la peinture d'animaux et au paysage, porta le sentiment de la lumière et du plein air à un haut point, produisant une révolution dans le mécanisme pittoresque, car c'était là une branche de l'art qui n'avait pas été assez cultivée par les anciens maîtres italiens.

Morelli étant de retour de Rome à Naples, nourri d'études classiques, tire parti de la direction nouvelle du talent de Palizzi. Peu de temps après il est à même de présenter dans son admirable tableau « les Iconoclastes » de grandes qualités de peintre et de penseur à la fois. Nous sommes fâchés de ne pas voir ce tableau de Morelli à l'Exposition de 1867. M. Dibartolo a voulu nous consoler de l'absence de cette œuvre magnifique par la belle gravure qu'il en a faite. Mais cela ne suffit pas. Ce tableau aurait pu consolider à Paris la belle renommée que Morelli a acquise en Italie. Nous n'en saurions assez signaler aux jeunes artistes napolitains et peut-être à Morelli même la valeur et l'importance.

Nous avons déjà parlé d'Hayez de Milan. Mais nous ne pouvons taire un autre grand nom, peut-être plus grand que l'autre, quoique il n'ait pas produit un aussi grand nombre d'œuvres, celui de

Sabatelli. Sa *Peste de Florence* suffit pour créer la plus grande renommée de notre époque, en Italie. Le nouveau mouvement artistique à Milan a cela d'original qu'il fut inauguré par un homme extraordinaire, Scrosati. Doué d'un talent hors ligne il a été peintre de perspectives, de décorations, de figures, d'aquarelles, de fleurs, dessinateur de meubles et de tapisseries. Ce grand artiste créa d'autres artistes, peintres, graveurs en bois, fondeurs en bronze, peintres sur émail. Au commencement il suivit le style de Tiepolo, puis je ne sais si par goût de changement ou autrement, il forma de nombreux et bons élèves sur les artistes du *XIV* *siècle*, et leur apprit à donner un nouveau développement aux anciennes manières. C'est dans cette école que se formèrent des artistes sjet que Berlini, Pagliano, Conconi, Montanari et d'autres. Mais si Scrosati a vulgarisé la connaissance de plusieurs méthodes et la facilité d'exécution, il a eu le grand tort de ne pas avoir créé d'école proprement dite, et d'avoir favorisé l'imitation servile des diverses époques de l'art. Nous conclurons la période qui regarde Milan, en rappelant les noms de Cornienti et d'Agliatti. Celui-là est un peintre appartenant à la tradition romaine; celui-ci est un architecte et un sculpteur fidèle aux inspirations du purisme.

Florence, autre temple de l'ancien art italien, se trouve à peu près dans les mêmes conditions que Rome, car là aussi le nombre immense des chefs-d'œuvre empêche l'artiste de se donner libre carrière. L'art y suivait les traditions anciennes et classiques avec Bezzuoli. La statuaire comptait un grand artiste, Bartolini, qui préparait le triomphe de ce noble art accompli par Dupré et par Vela.

Venise n'est pas non plus sans gloire. La brillante palette de Schiavoni, les scènes helléniques de Lipparini et surtout les portraits et les tableaux de Zona continuent la bonne tradition des grands artistes vénitiens et nous font espérer une renaissance aussi dans les célèbres lagunes.

Dans toutes les autres villes sœurs, l'on remarque un mouvement extraordinaire, un élément de vitalité nouvelle. Modène possède un grand artiste, qui n'est inférieur à aucun autre en Europe, Malatesta. Nous ne saurions assez plaindre l'absence des œuvres de ce peintre éminent à l'exposition de l'art européen. Il suffirait son Ézélin pour lui faire décerner la première couronne. A Pavie, nous remarquons Massacra; à Bergame, les élèves de Diotti suivent aussi les nouvelles doctrines artistiques. Toschi fonde à Parme une école de gravure; en illustrant par son burin le Corrége et d'autres maîtres anciens, il maintient l'ancienne suprématie de l'Italie dans cet art, que dans la suite Mercuri et Calamatta, tous les deux Romains, ont relevé à son ancien apogée.

A Bologne, à Gênes, à Turin, partout le même mouvement que l'on observe dans les autres centres; partout le but est le même, c'est-à-dire l'inauguration d'une nouvelle et glorieuse phase de l'art. La brièveté que nous nous sommes imposée en parlant de l'art italien à l'Exposition de 1867, nous oblige à taire quelques autres noms et à mettre un terme à cette revue rétrospective pour passer à l'examen de chaque œuvre en particulier.

Quelles conséquences peut-on tirer de ce que nous venons de dire? Ce mouvement nous doit convaincre de deux choses. D'abord, nous exprimons notre conviction profonde que l'art italien est réservé à de brillantes destinées, car si les œuvres exposées prêtent le flanc à la critique, elles possèdent aussi un mérite incontestable. On dirait le produit brut d'une mine, qui est susceptible d'être perfectionné, raffiné. L'autre chose à observer, c'est que l'on ne doit pas abandonner l'art à lui-même, si l'on en veut le progrès et le perfectionnement. Les artistes ont besoin d'être soutenus, encouragés, récompensés par le gouvernement et par la nation qui doit être fière de les posséder. Réfléchissant aux conditions des artistes de la nouvelle école, nous nous réjouissons sincèrement d'apercevoir dans leurs œuvres le résultat d'efforts individuels très-louables. Ces efforts ont eu lieu au milieu de l'agitation politique et sociale du pays, au milieu des conspirations pour abattre la domination étrangère, des luttes pour la délivrance du pays. Ces œuvres ont été plusieurs fois interrompues et reprises. C'est avec un sentiment d'orgueil national que nous disons cela; l'histoire devra en tenir compte.

Les artistes italiens, à un moment donné, abandonnèrent le ciseau et le pinceau pour prendre une épée ou un fusil, pour la liberté et l'indépendance de la nation.

Que l'on ne nous accuse donc pas de vanterie si nous croyons que de grandes destinées sont ré servées à l'art italien alors que la nation aura consolidé son indépendance et son unité et qu'elle aura devant elle une époque de paix et de prospérité.

SALON DE LA PEINTURE.

Le visiteur qui se rend à l'Exposition pour observer particulièrement les œuvres italiennes de beaux-arts, quel que soit le côté par où il entre dans l'enceinte du parc, doit se diriger tout droit sur la rue de Russie. La salon italien de peinture se trouve au bout de cette rue en entrant par le parc et au commencement en entrant par le jardin central.

Notre description commence par le tableau placé sur la porte d'entrée. Ensuite on tourne à gauche. Le numéro de ce catalogue est le même que celui de couleur jaune placé sur les œuvres mêmes.

1. GAMBA (Henri), de Turin. — Victor-Amédée de Savoie, étant de retour de la campagne de 1705, secourt les pauvres de Carmagnola, mettant en pièces et leur distribuant le collier de l'Annonciade qu'il portait au cou.

Si ce tableau était observé isolé et à la place à laquelle il a été destiné, il produirait bien plus d'effet. Cependant on y aperçoit une finesse de couleur qui n'est pas commune. La figure du roi est très-belle ; sa pose est admirable. Les autres figures sont dessinées avec science et vérité. Les costumes

sont ceux du temps et ne laissent rien à désirer. La couleur
locale ne saurait être plus vraie.

2. FARUFFINI (Frédéric), de Sesto. — Première
entrevue de Machiavel avec César Borgia, duc de
Valentinois.

Ce tableau a déjà eu les honneurs du salon carré et de la
médaille d'honneur à l'exposition de l'année passée à Paris.
Conception, dessin, style, coloris, exécution, tout y est à louer.
Les costumes sont ceux de l'époque; les deux figures repro-
duisent les portraits de ces personnages célèbres; le fond même
du tableau est copié d'après le vrai, à Imola. C'est une œuvre
de tout point remarquable, qui transporte notre pensée au moyen
âge italien et rappelle les efforts des politiques, des guerriers,
enfin d'hommes de toute classe, qui voulaient constituer une
patrie libre. Elle a pour épigraphe ces mots de Machiavel qui
se rapportent à sa première entrevue avec Borgia : « Quelques
efforts que je fisse pour découvrir sa pensée, il réussit toujours à les éluder, il vira au large (girò largo). » Cette épigraphe est développée avec originalité dans le tableau : c'est
un vrai duel entre les deux grands politiques où la finesse lutte
avec la ruse et la force. Ce tableau a eu aussi un prix à cette
exposition.

3. MALDARELLI (Frédéric), de Naples. — Étude
de femme.

On voit que c'est l'œuvre d'un bon artiste; cependant il
faut avouer que ce n'est pas une des meilleures qu'il a com-
posées.

4. PALIZZI (Philippe), de Naples. — Les animaux
sortant de l'arche après le déluge.

Sujet vaste et difficile, que Palizzi a beaucoup étudié et bien
traité. Nous avons déjà parlé de cet artiste dans l'introduction.
Relativement au tableau qui est sous nos yeux, nous dirons

qu'on y remarque une vivacité et une franchise dans l'exécution que peu de peintres possèdent. La richesse et la variété des formes jointe à la vérité caractéristique des animaux en font une des œuvres les plus importantes de l'Exposition de 1867.

5. RAPISARDI (Michel), de Catane. — Portrait d'homme.

6. PALIZZI (Joseph), de Naples. — Intérieur de la forêt de Fontainebleau, près du pont de la Reine.

Quiconque a visité ce délicieux séjour des rois de France, qui retentit encore du nom de François I, le grand Mécénas des arts, aura admiré le point que Palizzi a reproduit et la manière heureuse avec laquelle il a réussi à le faire. Ce peintre mérite les mêmes éloges que son frère ; un bon dessin, une couleur forte, un grand art d'arrangement et surtout une grande habileté dans le paysage distinguent ses tableaux.

7. PALIZZI (Philippe), de Naples. — Une tête de veau ; un étang.

OEuvres très-belles et très-vraies.

8. PUCCINELLI (Antoine), de Florence. — Dino Compagni invite tous les chefs de parti de Florence à se réunir dans l'église Saint-Jean, et leur fait jurer sur l'Évangile de déposer leurs haines et de rester en paix.

Voici un passage de la chronique de Dino Compagni qui se rapporte à cet événement : « Mettez de côté vos haines, soyez en paix entre vous, afin que le Prince qui va arriver ne vous trouve

pas divisés. Oubliez les offenses mutuelles pas-
sées. C'est au nom et pour le bien de notre chère
patrie que je vous engage au pardon, à l'oubli. Jurez
sur ces fonts où vous avez reçu le saint baptème,
jurez d'entretenir entre vous une paix parfaite,
afin que le Prince trouve tous les citoyens unis. »
Ils prêtèrent tous ce serment.

La composition de ce tableau est belle, la couleur est forte et le dessin soigné ; mais l'ensemble
de la scène manque de finesse, de vie, d'expression.
Puccinelli peut créer des œuvres d'une plus grande
importance.

9. FARUFFINI (Frédéric). — Aux fleurs le soleil,
aux jeunes filles l'amour.

Heureuse alliance de la représentation du vrai avec une
conception poétique.

10. GAMBA (François), de Turin. — Marine représentant le départ pour la pèche sur les côtes de
Normandie.

C'est un beau petit tableau dans son ensemble ; il ne manque pas de finesse et d'élégance, mais il est un peu maniéré
et il y a peu de vérité dans les tons de la couleur.

11. D'ANDRADE (Alfred), de Gênes. — Pays sur la
Bormide.

C'est un tableau qui a l'air d'une simple étude d'après le
vrai. Cependant le côté droit est assez beau ; le torrent et le
cheval ont quelque mérite.

12. GIANNETTI (Raphaël), de Venise. — Rencontre de Gaspara Stampa, femme-poëte célèbre du XVIᵉ siècle, avec Collatino, comte de Collalto.

Gaspara aima tendrement Collatino. Voici de quelle manière elle le représente dans un sonnet écrit en 1548:

« Un esprit angélique et divin : une nature et une vertu de roi ; un désir de renommée et d'honneur ; une manière de parler sage, grave et élégante ; un sang illustre, proche de rois ; une fortune inférieure à peu d'autres ; un âge dans sa fleur ; des manières honnêtes, douces, aimables ; un rire plus resplendissant que le soleil, où amour renferme la beauté et la grâce, etc. »

Nous avons rapporté ces vers, afin que l'on juge si l'artiste a su s'inspirer dans ce tableau des caractères de deux amants, qui sont, pour ainsi dire, anatomisés par l'amante même. Cependant nous recommandons à Giannetti de mettre plus de simplicité et moins de figures dans ses tableaux. Il est incontestable que dans celui-ci il y a richesse de coloris, habileté dans le maniement du pinceau et fécondité d'imagination. L'Italie attend de Giannetti des œuvres de premier ordre.

13. GASTALDI (André), de Turin. — Les Tortonais assiégés par Frédéric Barberousse et par les Pavesans et manquant d'eau vont en chercher au milieu du camp ennemi.

Ce serait refuser à l'Italie un de ses artistes les plus distingués que de nier le mérite de ce tableau. C'est incontestablement l'un des meilleurs de l'Exposition. On y remarque un dessin vigoureux, des poses hardies, beaucoup d'expression dans les têtes, des raccourcis savamment conçus et exécutés, une composition grandiose, des groupes nombreux, trop nombreux peut-être, des détails très-soignés d'armures et de costumes. C'est un noble sujet où le peintre a su montrer autant de patriotisme que d'habileté dans le maniement du pinceau. Nous sommes sûrs que Gastaldi corrigé de quelques défauts produira des œuvres qui pourront rivaliser avec celles des meilleurs artistes.

14. Castiglione (François), de Naples, demeurant
à Paris. — L'armerie de la galerie royale de Turin.

Le roi Charles Albert, avant de se jeter dans la lutte de l'indépendance italienne, avait généreusement protégé les lettres
et les arts. La galerie royale ou armerie de Turin est une de
ses créations. Quiconque connaît cette magnifique collection
qui témoigne de la munificence de ce roi, ne pourra que donner des éloges à la conception et à l'exécution de Castiglione.

15. Mancini. — Le mont Cenis couvert de neige.

Reproduction fidèle d'après le vrai, exécutée avec soin.

16. Miola (Camille), de Naples. — Marc-An-
toine et Fulvie contemplant la tête de Cicéron.

Quels souvenirs rappelle à l'esprit ce sujet! Ces lèvres
éloquentes sont donc muettes pour toujours! Rome n'entendra
plus ces terribles vérités qui ont excité contre le grand orateur
la haine de ses ennemis! Ils se sont bien vengés!... Nous espérons que Miola reproduira avec un style plus large et plus
sérieux et dans de plus grandes proportions une idée aussi
heureuse que celle-là.

17. Palizzi (Philippe), de Naples. — Étude
d'ânes.

C'est le même auteur de l'Arche de Noé. Je répéterai ce
que j'ai entendu dire par des visiteurs de l'Exposition : il n'y
a que le bon Dieu qui puisse créer de plus beaux ânes.

18. Pagliano (Eleuthère), de Casalmonferrato. —
Convalescence de Bayard à Brescia (il est assisté
par des femmes).

C'est une pensée délicate qui révèle l'hospitalité prover-
biale et la courtoisie des femmes italiennes. Le tableau est

exécuté avec science et bien achevé. C'est là son principal mérite.

19. Tofano (Edouard), de Naples.—La religieuse.

Que veut dire cette pauvre fille? Se plaint-elle de se trouver renfermée dans cette enceinte, loin des regards du monde, loin des profanes?... On admire dans ce tableau une extrême diligence, une grande finesse dans le ton blanc de la robe.

20. Lelli (Jean-Baptiste), de Milan. — Vue d'Omegna sur le lac d'Orta.

21. Pastoris (de Turin). — La bibliothèque de l'Université de Turin.

Justesse de tons, vérité de types et d'actions, accessoires bien distribués : voilà les mérites que l'on aperçoit dans cette œuvre de Pastoris. Cependant elle est bien loin d'égaler les Religieux qui vont à la prière (tableau exposé à Turin en 1865) et les Saltimbanques du même artiste.

22. Palizzi (François), demeurant à Paris. — Un jour de foire au château Landau.

23. Palizzi (Joseph), à Paris. — Charbonnière dans la forêt de Fontainebleau.

On peut répéter de ce tableau ce que nous avons dit au n° 6.

24. Faruffini (Frédéric), de Sesto. — Ébauche d'un tableau d'autel avec des figures de grandeur naturelle.

On remarque dans ce tableau une nouvelle direction de l'art. Le peintre, dédaignant de se servir d'un style de convention, s'est attaché à faire jaillir le sentiment religieux de la scène même reproduite avec la naïveté du vrai.

25. RAPISARDI (Michel), de Catane. — Ophelia.

26. CARCANO (Philippe), de Milan. — Jardin éclairé par le soleil.

Belle étude pleine d'excellentes qualités, mais trop grande et sans expression. La nature sans l'art, c'est une lettre morte.

27. GIANI (Joseph), de Turin. — Pia de Tolomei.

Giani a voulu représenter la Pia au moment où elle donne le dernier adieu à son amant et lui jette une bague comme souvenir. Elle était enfermée dans le château où on l'avait condamnée à mourir. Nous reprochons à l'artiste d'avoir adopté une version qui ôte à cette image poétique l'auréole de martyre que peut-être elle ne mérite pas et que l'histoire, Dante et Sestini lui ont gardée. Nous nous empressons de reconnaître au peintre un mérite distingué pour le dessin de ce tableau où le caractère du temps est bien conservé. Cette œuvre fait avantageusement connaître son auteur.

28. CORTESE (Frédéric), de Naples. — La campagne romaine.

La simplicité de la scène, la justesse des tons, la transparence de l'atmosphère, voilà les mérites de cette œuvre qui révèlent le talent distingué de l'auteur.

29. MAZZA (Salvatore), de Milan. — L'écurie rustique. — Le maréchal ferrant.

Deux jolis petits tableaux.

30. ABBATE, de Naples. — Le moine.

Ce tableau est plein de vérité, mais sans poésie ; l'exécution est bonne ; les accessoires sont faits avec beaucoup de soin.

31. CELENTANO (Bernard), de Naples. — Le Tasse qui donne les premiers signes de folie.

C'est avec tristesse que nous parlons de l'œuvre d'un artiste qui n'existe plus et qui était un de nos amis. Il expira frappé d'apoplexie à l'âge de 25 ans, tandis qu'il travaillait à ce tableau. Nous recommandons aux jeunes artistes de recueillir la tradition du style de Celentano. Il était bien jeune, et pourtant ses œuvres sont empreintes d'un cachet de maître ! Dans celui-ci comme dans tous les autres tableaux du même artiste, il n'y a pas de figure, pas de ligne qui soit étrangère à la nature et à l'expression du sujet. C'est vraiment pour lui que la peinture était une parole peinte, exprimant le sentiment et l'idée !

32. GORDIGIANI (Michel), de Florence. — Portrait d'homme.

Exécuté avec beaucoup d'habileté.

33. FARUFFINI (Frédéric), de Sesto. — Son portrait, et un type de tête de femme italienne.

Le premier tableau est une bonne étude de lumière et d'ombre. Il y a de l'inspiration dans la femme.

34. MORELLI (Dominique), de Naples. — Le comte de Lara.

C'était un homme mystérieux qui vivait isolé avec un très-beau page dans son château. Lisez Byron et vous apprendrez que le page était une charmante jeune fille. Cela explique l'isolement et le mystère. Ce tableau est remarquable pour le coloris général.

35. Beccaria. — Un paysage.

36. Palizzi (Joseph), demeurant à Paris. — Une troupe de bœufs surprise par une tempête dans les marais près de l'Adriatique.

La scène est si vraie qu'en observant ce tableau l'on est tenté d'ouvrir le parapluie !

37. Maldarelli (Frédéric), de Naples. — Étude de demi-figure de femme.

Elle est exécutée avec du goût et de la grâce ; mais la pose n'est pas assez heureuse ; l'épaule, quoiqu'elle soit vraie, choque l'œil. La nature sans l'art est insuffisante à donner de grands résultats.

38. Faruffini (Frédéric), de Sesto. — Prière à la chartreuse de Pavie.

On trouve dans ce tableau beaucoup de style dans la figure et de la simplicité dans les lignes perspectives auxquelles le coloris donne du relief.

39. Bianchi (Moïse), de Monze. — La leçon de plain-chant.

Sujet heureusement trouvé et exécuté avec une vérité incomparable. Cet effet est obtenu par des moyens très-simples. L'intonation est fraîche et vraie. L'expression vive, les extrémités très-bien dessinées en forment un très-beau tableau.

40. Induno (Jérôme), de Milan. — Bataille de Magenta.

On remarque dans ce tableau une grande facilité de touche.

41. ROSSI. — Fleurs.

Brillante décoration d'appartements, dans le genre de Scrosati.

42. TOMA (Joachim), de Naples. — Un examen rigoureux de la Sainte Inquisition.

Scène pleine de vérité. La couleur est appropriée à la tristesse du thème. Nous nous permettrons de rappeler à Toma le *Nec Medea trucidet* d'Horace. Qu'il cherche le dramatique, mais en évitant la crudité de certains détails. C'est ainsi que faisait Delaroche. Il trouvait toujours le moment le plus solennel d'un fait, avant et après le point dans lequel le sang est répandu et il y a mort d'homme.

43. MORELLI (Dominique), de Naples. — Un bain pompéien.

Il nous semble que Morelli s'est inspiré dans la composition de ce tableau de celui de Chassériau existant au musée du Luxembourg. Mais l'on peut se demander si Morelli a vu ce tableau avant de créer le sien. Quoi qu'il en soit, l'œuvre de l'artiste italien est d'un excellent coloris, transparente, gaie. Il y paraît cette insouciance, ce doux *farniente* épicurien des peuples anciens de l'Italie méridionale. Enfin c'est un bon tableau.

44. RICCARDI (Luigi). — Marine.

Beaucoup d'effet scénique, mais peu de vérité. C'est peint avec facilité et vivacité.

45. FOCOSI (Alexandre), de Milan. — Catherine de Médicis.

C'est une scène bien imaginée. S'il y avait un peu plus d'espace tout autour, les objets seraient représentés avec beaucoup d'habileté.

46. Bellucci (Joseph), de Gênes. — Mort d'Alexandre de Médicis.

Il nous paraît que l'artiste s'est trop inspiré du tableau de Delaroche représentant l'assassinat du duc de Guise. Nous faisons cette observation pour montrer aux artistes qu'il faut aborder l'histoire avec un sens philosophique. Dans le tableau de Delaroche l'intérêt est soutenu par le sentiment d'horreur qu'inspirent vingt conjurés réunis pour tuer un seul homme et qui tremblent de leur crime même, par le roi qui allonge, entre deux assassins, sa petite tête de chacal, mais qui n'ose s'introduire dans la chambre ; même par un chien qui flaire avec horreur le sang humain, pendant que Guise, qui vient d'expirer, garde dans sa physionomie la dignité du héros et la tranquillité de l'homme juste. Dans le tableau de Bellucci on observe seulement le cardinal de Corneto tout étonné et quelques domestiques effrayés en trouvant le cadavre. Cela ne suffit pas pour constituer un fait d'une grande importance historique. Cependant il faut avouer que l'exécution est très-soignée.

47. Pittara (Charles), de Turin. — La pluie au village.

C'est admirable pour le sentiment du vrai ; c'est bien composé, achevé. Les animaux ne sont nullement maniérés. C'est un des plus beaux tableaux de l'Exposition.

48. Gonin (Guide), de Turin. — La vie intime.

Ce gracieux petit tableau ne nous étonne pas. Nous avons pu, pendant plusieurs années, apprécier à Turin le mérite de cet artiste.

49. Miola (Camille) de Naples. — Plaute qui lit ses comédies.

C'est bien conçu, bien développé. Nous recommandons à Miola plus de soin dans l'exécution.

50. RAIMOND (Louis), de Turin. — Le saint viatique.

C'est un assez bon tableau, mais il est placé trop haut pour être jugé en détail.

51. PALIZZI (Nicolas), de Naples. — Halte de Bohémiens.

52. D'AZEGLIO (Maxime), de Turin. — Le lac Majeur.

Ce tableau du grand écrivain, de l'honnête diplomate, du brave soldat qui est mort, est plein de mérite. Il faut louer, par-dessus tout, la fluidité, la transparence des teintes.

53. CASTIGLIONE (François), de Naples, demeurant à Paris. — Le malade.

Ce tableau est exécuté avec beaucoup de soin, mais nous ne pouvons pardonner à Castiglione le choix de certains sujets.

54. USSI, de Florence. — Expulsion du duc d'Athènes.

Le Duc est représenté dans l'acte de signer son abdication, comme seigneur de Florence ; il est entouré de gens en armes, de moines, de citoyens de Florence de toute classe qui l'obligent à renoncer à un pouvoir dont il avait abusé. Que peut-on dire de nouveau sur un tableau qui a été déjà jugé dans toutes les expositions nationales, et couronné du prix d'honneur dans cette Exposition universelle ? Composition, vérité, expression de sentiments, coloris, dessin, l'on trouve tout cela dans cette œuvre, dont l'école italienne doit être fière.

55. Induno (Jérôme), de Milan. — Le récit du Garibaldien.

Scène vraie et bien traitée. Ce tableau a bien plus de mérite que la bataille de Magenta du même artiste, surtout relativement à la touche.

56. Pasini (Albert), Paris. — Le Shah de Perse parcourant les provinces de son empire.

En observant ce tableau, on croirait se trouver dans ces pays d'Orient enveloppés d'une atmosphère vaporeuse. La touche est brillante et franche ; elle produit un effet magnifique par des moyens bien simples, surtout dans la perspective aérienne qui est admirable. Enfin c'est un très-beau tableau.

57. Induno (Jérôme). — La Lettre. V. n° 55,

58. Giuliano (Barthélemy), de Turin. — Parisina.

Belle, jeune et riche, elle épouse un vieillard qui a un fils dans la fleur de l'âge, extrêmement beau. Ils s'aimèrent. Parisina prononce dans le sommeil le nom de son bien-aimé ; par malheur l'époux l'entend et jure de se venger. Et il se vengea bien cruellement ! Parisina endormie qui livre malheureusement le secret de son cœur : voilà ce que Giuliano a voulu représenter. L'exécution est parfaite ; surtout la belle figure de la femme inspire de la sympathie et de la pitié à quiconque la regarde. Cependant l'on ne pourrait pas apprécier tout le mérite de Giuliano par ce tableau seulement. Ses paysages auraient enrichi l'Exposition.

59. Cortése (Frédéric), de Naples.— Brouillard sur les Apennins.

Nous avons déjà dit au numéro 28 quel est le mérite de cet artiste. C'est une autre très-belle œuvre.

60. VERTUNNI (Achille), de Naples. — La tour d'Astura.

Paysage exécuté avec beaucoup de vérité ; mais il sent tant soit peu la photographie.

61. CASTIGLIONE (François). — La Convalescence. (V. n° 53.)

62. MANCINELLI (Joseph), de Naples. — Saint Charles Borromée qui guérit les pestiférés.

Nous avons déjà parlé de Mancinelli dans l'introduction. Ce tableau est remarquable pour l'époque dans laquelle il fut exécuté.

63. MOLMENTI (Pompée), de Venise. — Arrestation de Philippe Candellario.

C'était l'architecte du palais ducal de Venise, qui, ayant pris part à la conspiration du doge Marino Faliero, fut arrêté et pendu à une fenêtre du palais même. L'exécution est heureuse. L'effet, produit par le contraste de deux lumières est superbe. Le dessin est beau ; l'expression des visages est admirable. Molmenti fait honneur à l'Italie.

64. PAGLIANO (Eleuthère) de Casal Monferrato. — Un épisode de la bataille de San-Martino ; attaque du cimetière.

C'est un tableau qui a des mérites surtout pour la reproduction du vrai. Il a eu l'honneur d'une médaille à cette Exposition.

65. D'AZEGLIO (Maxime). — Mon bois.

Précieux tableau.

66. NETTI, de Naples. — La pluie.

Gracieux paysage étudié avec soin sur le vrai.

67. CASTIGLIONE (François). — La visite. (V. n° 53 et n° 61.)

68. MORELLI (Dominique), de Naples. — Le Tasse qui lit quelque chant de son poëme à Éléonore d'Este pendant une convalescence de celle-ci.

C'est l'œuvre principale de Morelli dans cette exposition, œuvre d'un mérite supérieur, qui a eu l'honneur d'une médaille de deuxième classe, le nombre de celles de première classe étant insuffisant. S'éloignant de la réalité, Morelli a voulu étaler dans la décoration de la salle et du fond de ce tableau toute son imagination, au lieu de reproduire ce que Dosso Dossi et d'autres peintres ont copié d'après le vrai dans le château ducal de Ferrare. La scène est d'un effet admirable. La figure d'Éléonore est belle et vraie ; celle du Tasse est expressive, énergique ; les trois suivantes sont très-bien ; surtout celle qui est placée au coin est d'une beauté éclatante. L'effet de la lumière ne laisse rien à désirer. Morelli laissera à Naples une école et un nom qui ne périra pas.

69, 70, 71. PALIZZI (Joseph), demeurant à Paris. — Très-beaux paysages. (V. n° 6.)

Le lecteur croira peut-être que l'exposition de peinture italienne finit dans cette salle : il se trompe. Même à l'Exposition Rome coupe l'Italie en deux morceaux ; mais l'Italie artistique se réjouit de voir près d'elle les frères romains, car si les grands artistes de la ville éternelle ne sont pas représentés dans cette palestre universelle, personne ne pourra nier le mérite de quelques œuvres qui sont exposées ici. On admire dans la salle romaine le groupe de Luccardi représentant le Déluge, la Sapho de Bompiani, les statues de Rossetti, et les mosaïques de l'établissement du Vatican. Luccardi a eu l'honneur d'une médaille.

Au centre du salon où sont exposées les œuvres des artistes italiens de Rome, nous avons observé plusieurs bustes de femmes célèbres et une statue colossale, *Hécate*. C'est l'œuvre d'une femme sculpteur, qui a pris un nom de guerre, Marcello. Ce nom en cache un autre bien connu et bien aristocratique. Qui dirait qu'une créature délicate et frêle, une femme, a su donner une forme à des blocs de marbre, manier le ciseau, créer une œuvre aussi vaste. *Ingens stat moles!* En admirant le talent de l'artiste nous lui conseillons de se consacrer tout à fait à l'art, de ne pas disperser des facultés précieuses dans d'autres soins absorbants et stériles pour une femme, p. e. dans la politique. Nous finirons notre revue en exprimant le vœu que les frères soient réunis aux frères et qu'à la prochaine Exposition universelle il n'y ait plus de barrières entre les œuvre sdes Romains et celles des autres artistes italiens. L'artiste qui a créé Hécate, partage sans doute ce vœu.

Sur la paroi qui sépare Rome de la Turquie il y a deux tableaux par Norfini, représentant Victor-Emmanuel qui rend visite au baron Ricasoli, à Broglio.

L'artiste a représenté dans son premier tableau le moment où l'orgueilleux baron va à la rencontre du roi, et dans le second le départ du roi de Broglio. L'exécution est bonne, la scène est vraie quoiqu'un peu maniérée ; les portraits sont très-ressemblants.

A la droite en entrant, sur la cloison qui sépare l'Italie de Rome, vous trouverez :

72. Bisi (Luigi), de Milan. — Intérieur de la cathédrale de Milan.

73 D'azeglio. — Paysage. (V. nᵒˢ 52 et 65.)

74. Fasanotti. — Pays.
Bien dessiné.

75. Brocca (Jean). — L'église de Toscanella, belle étude d'architecture.

76. Pessina (Jean). — Intérieur de la sacristie de l'église de Saint-Victor.
Beau tableau d'un effet magique pour la vérité et l'intonation générale.

77. Busi (Louis), de Bologne. — Le Tasse et le cardinal Cinzio Aldobrandini au couvent de Saint-Onuphre à Rome.
Beau tableau et exécuté avec soin.

78. Faruffini (Frédéric), de Sesto. — Gravure à l'eau-forte de son tableau « Borgia et Machiavel. »

Ici Faruffini se présente comme graveur, et montre, dans cet art, ainsi que dans la peinture, un talent supérieur.

79. Cucinotta. — Gravure de l'Arche de Noé, par Palizzi.

Belle gravure.

80. Dibartolo. — Gravure du tableau « les Iconoclastes » de Morelli.

C'est une belle œuvre qui donne à Dibartolo une place exceptionelle dans la gravure de genre libre.

81. Chiossone. — Belle gravure exécutée avec beaucoup de soin.

Tournez-vous à la partie opposée de la cloison.

82. D'Azeglio (Maxime). — Très-beau paysage.

83. Sala (Élisée). — Portrait de Maxime D'Azeglio fait, croyons-nous, sur une photographie.

84. Hayez (François), de Milan. — Portrait de Cavour.

Il est très-beau, mais il a l'air d'être tiré d'une photographie. Nous avons déjà parlé de cet artiste dans l'introduction.

85. Giganti (Jacinthe). — Deux aquarelles représentant la chapelle du Trésor de Naples et le tombeau de Jean Caracciolo à Carbonara.

Ils sont esquissés avec beaucoup d'art. La renommée de Giganti est universelle ; il a reçu le grand prix à Bruxelles au concours des aquarellistes.

86. CALAMATTA (de Rome). — La Vierge à la chaise.

Très-belle gravure sur cuivre. Nous avons déjà parlé de cet artiste dans notre introduction. Que pouvons-nous ajouter après l'article de G. Sand dans la Revue des Deux-Mondes relativement à cette nouvelle interprétation de l'œuvre la plus heureuse et la plus populaire de Raphaël ?

87. PALIZZI (Philippe), de Naples. — Le Corricolo et deux têtes de chiens.

Aquarelles d'un certain mérite.

Pour continuer à visiter les tableaux italiens, il faut poursuivre le chemin vers la salle de la Turquie.

SALLE DE LA TURQUIE : PEINTURE ITALIENNE.

------

88. HAYEZ (François), de Milan. — Le martyre de saint Barthélemy.

Belle composition, qui malheureusement manque de coloris. Tableau un peu maniéré.

Le même. — Le baiser.   .

Gracieux sujet exprimé avec beaucoup de vérité.

89. GUADAGNINI (Anaclet). — Aquarelle représentant Gualdrade Donati qui propose sa fille en mariage à Buondelmonte.

90. GIANNETTI. — Demi-figure.

91. CASTAGNOLA (Gabriel), de Gênes. — Mort d'Alexandre de Médicis.

On dirait une tapisserie. Le sujet n'est pas bien représenté. Le protagoniste a l'air d'un accessoire.

92. HAYEZ (François), de Milan. — Réconciliation d'Othon II avec Adélaïde de Bourgogne.

La composition est belle, mais il y a absence de coloris. On voit pourtant la main du maître.

93. ROI. — Deux demi-figures.

94. BENASSAI (Joseph), de Florence. — Deux paysages représentant le printemps et les maremmes d'Ostie.

La nature est bien saisie dans ces tableaux ; l'exécution est très-soignée.

95. RUO (de Naples). — Deux portraits de femmes.

96. LA VOLPE, de Naples. — Vue de Pompéi.

La vérité ne manque pas, mais c'est un peu roide, et la perspective laisse beaucoup à désirer.

97. ZONA (Antoine), de Venise. — Titien qui prédit à Paul Véronèse son avenir artistique.

On aperçoit dans Zona des qualités de grand artiste, mais

paralysées par rop d'imitation des anciens. Ce tableau est remarquable par la bonté du style, l'expression des têtes et la
distribution savante des tons. Nous espérons que Zona accep-
tera notre conseil de s'émanciper, de devenir original.

98. Mazza (Salvatore), de Milan.—Le maréchal
ferrant.

99. Bégini (Dominique).—Les quatre éléments, à
l'aquarelle.

Gracieuses inventions.

100. Bonajuti (Raphael), de Florence. —Jésus
tenté par Satan.

GALERIE DE LA SCULPTURE ITALIENNE.

Les œuvres des sculpteurs italiens se trouvent le long de la rue de Russie, dans la salle de la Turquie et au jardin central. Nous supposons que les visiteurs entrent du côté du jardin; c'est d'ici que nous commençons l'énumération des statues.

1. CORTI (Constantin), de Milan. — Corradin.

Gracieuse petite statue représentant Corradin qui, de l'échafaud où il perd la vie, jette un de ses gants comme pour demander vengeance.

2. CAMBI (Ulysse), de Florence. — Le petit pécheur et l'amour mendiant.

Deux petites statuettes très-bien faites et pleines d'expression.

3. SOMAINI (Joseph), de Florence. — Mazeppa.

4. FRANSONI, de Rome.—Une Bacchante (buste).

Ce buste ne manque pas d'une certaine largeur de style.

5. FONTANA. — Groupe représentant l'alliance de la France et de l'Angleterre.

Assez gracieux.

6. DEVERS. — Bustes en plâtre représentant la France, l'Italie, Luc della Robbia et Bernard Palissy.

7. GALLI (Richard), de Nice. — Les premiers caprices.

Gracieux enfants.

8. SANGIORGIO (Abbondio). — Saint Michel qui abat Lucifer.

OEuvre grandiose de beaucoup de mérite. On y remarque par-dessus tout la noble expression de l'ange, expression d'indignation et de sublime colère sans exagération vulgaire. Le style devrait avoir plus de grandiosité dans quelque partie.

9. CAMBI (Ulysse), de Florence. — Moïse enfant.

Celle-ci n'a pas le mérite des autres œuvres de Cambi.

10. DINI (Joseph), de Turin. — Portrait de Plana l'astronome.

C'est un portrait très-beau et très-ressemblant.

11. FUMEO (Pierre), de Milan. — Napoléon premier consul.

Ce buste ne manque pas d'expression, mais l'on aurait désiré plus de soin dans les détails et dans l'ensemble.

12. Della Vedova (Pierre), de Turin. — Colomb.

Buste demi-colossal très-louable.

13. Argenti (Josué), de Milan. — L'espérance.

Buste d'une exécution admirable.

14. Vela (Vincent), de Turin. — Les derniers jours de Napoléon Ier.

Statue magnifique, admirée de tout le monde ; il est superflu d'en faire des éloges. Il suffit de dire qu'elle a reçu une première médaille.

15. Vela (Vincent). — Le printemps.

Statue où l'on remarque beaucoup d'expression et un dessin correct.

16. Argenti (Josué), de Milan. — La modestie.

Très-beau buste.

17. Strazza (Jean), de Milan. — Sylvie qui suce des lèvres d'Amyntas le sang qui sort d'une blessure.

Ce groupe est conçu et exécuté avec beaucoup de science et de soin, qui ont valu à l'artiste une médaille dans cette exposition.

18. Mancini (Pierre), de Milan. — Andromaque.

Cette statue n'est pas à la hauteur des autres œuvres de cet artiste.

19. **Lazzerini** (Joseph), de Gênes. — L'innocence.

Gracieuse statuette remarquable pour le charmant ensemble et pour l'exécution parfaite.

20. **Corbellini** (Quintilius), de Milan. — La modestie.

21. **Biella** (Ange), de Milan. — La modestie.

22. **Motelli** (Metellius), de Milan. — Flore.

23. **Pandiani** (Costantin), de Milan. — Le printemps.

Ce sont quatre bustes d'un dessin correct et exécutés avec beaucoup de soin. L'expression correspond au sujet représenté.

24. **Dupré** (Jean), de Florence. — Le triomphe de la croix. —(Grand bas-relief placé sur la porte du salon de peinture.)

Le même. — Groupe de la Pitié.

Le même. — Caïn. (Bronze placé dans la salle de la Turquie.)

Le même. — Grand piédestal dans le salon de peinture italienne.

Ce sont là les œuvres présentées par le grand sculpteur italien, qui lui ont mérité le prix d'honneur. Le style sérieux et classique de Dupré est digne de tout maître de l'art pendant une époque quelconque. La figure du Christ mort est admirable; le visage de la Vierge est sublime, divin. Le piédestal est au-dessus de tout éloge.

25. Dupré (Amélie), de Florence. — Giotto enfant.

Gracieuse statue qui révèle le talent de la fille du grand sculpteur du même nom.

26. Galletti (Étienne), de Cento. — Le Christ rédempteur.

C'est une belle figure, mais trop maniérée; les draperies en sont tortillées.

27. Barzaghi (François), de Milan. — Phryné.

Une des plus élégantes statues de l'Exposition. C'est un beau corps de femme; surtout les bras et le torse sont admirablement bien modelés. L'artiste s'est peut-être trop inspiré de la Phryné de Gérôme.

28. Pandiani (Jean), de Milan. — Camille, l'héroïne étrusque.

L'inspiration virile contraste avec la beauté délicate qui est propre au sexe. L'action est hardie et a beaucoup de mérite; le dessin est bon.

29. Argenti (Josué), de Milan. — Le printemps; un groupe de baigneuses; le sommeil de l'innocence.

Les deux premières œuvres de cet excellent artiste sont peu

heureuses. C'est la troisième qui révèle tout son mérite. C'est une très-belle statue, simple, naturelle. Elle respire ce parfum d'amour qui, ainsi que Parny chantait :

> Ressemble au souffle de zéphyr
> Quand il passe de fleur en fleur.

Elle a valu à l'auteur une seconde médaille à cette exposition.

30. SOLARI (Thomas), de Naples. — Groupe en bronze représentant Esméralda et sa chèvre.

31. MAGNI (Pierre), de Milan. — Socrate au théâtre au moment où, fustigé par les moqueries d'Aristophane, il se lève comme pour défier la raillerie générale.

Majestueuse figure noblement composée. C'est une œuvre distinguée qui mériterait plus d'attention et d'éloges.

32. MAGNI (Pierre), de Milan. — La lectrice, statue assise.

Cette statue a été beaucoup louée à d'autres expositions ; elle soutient la belle renommée de l'artiste. C'est une œuvre d'un style différent de la précédente.

33. BIELLA (Ange), de Milan. — Sylvie à la fontaine.

34. BOTINELLI (Antoine), de Milan. — Camille.

C'est une œuvre assez jolie.

35. BIANCHI (Achille), de Milan. — Armide.

Excellente statue, pleine de charme, d'une facture correcte, les draperies sont bien dessinées. Elle satisfait le spectateur qui ne s'aperçoit pas du long travail qu'elle a coûté. C'est vrai ment le cas de citer le vers du Tasse « l'art qui fait tout ne s'aperçoit nullement. »

36. PANDIANI (Constantin), de Milan. — Ève.

On aperçoit dans cette œuvre la science de l'artiste, mais elle est trop froide.

37. TANTARDINI (Antoine), de Milan. — La Vanité.

C'est la meilleure des œuvres de cet artiste qui sont exposées au Palais du Champ-de-Mars. Nous trouverions la tête très-belle si elle était plus en rapport avec le corps.

38. TABACCHI (Edouard), de Milan. — Ugo Foscolo embrassant Thérèse tout attristée à cause du traité de Campoformio.

Très-beau groupe exécuté avec beaucoup de vérité. La figure de la mélancolique Thérèse est un chef-d'œuvre de grâce, de vérité, de correction, de dessin et d'expression ; on dirait qu'elle est vivante. La statue de Foscolo est un peu trop tourmentée dans les détails. L'ensemble est très-beau.

39. SELLERONI (Jean), de Milan. — Galatée.

C'est une statue de convention.

40. TANTARDINI (Antoine), de Milan. — Arnauld de Brescia.

Tantardini nous permettra de lui dire qu'il ne s'est pas assez inspiré de ce noble sujet. L'apôtre que le pape Adrien fit brûler vif et que Jules II proclama martyr, est représenté trop vulgairement. S'il avait étudié les œuvres de saint Bernard, il aurait trouvé que parlant de ce grand italien, il dit que sa parole était plus douce que le miel; c'était comme homme une espèce d'idéal, *neque manducans neque bibens*, etc. L'Arnauld de Tantardini est le contraire de ce que dit saint Bernard; c'est un énergumène, un tribun de carrefour. Son costume est du treizième siècle plutôt que de celui d'Abailard et d'Arnauld son disciple.

41. Tantardini (Antoine), de Milan. — Esclave.

Elle laisse beaucoup à désirer dans la partie postérieure.

42. — Miglioretti (Pascal), de Milan. — Charlotte Corday.

C'est une belle statue pleine de sentiment. Nous aurions désiré quelque autre œuvre de cet artiste pour en apprécier tout le mérite. Il est vrai que la tête de Charlotte en a beaucoup; mais c'est une imitation de celle du sculpteur Salomon qui en reproduisit fidèlement les traits, acquérant par là une grande renommée artistique.

43. Tantardini (Antoine), de Milan. — La Lectrice.

Statue debout, de petite dimension, d'un très-bel effet par sa coquetterie.

44. Santarelli (Emile), de Florence. — Corinne.

Statue plus grande que nature, d'un mérite incontestable. On n'en pourrait pas dire ce que Foscolo disait de Corinne « *lyre ailée* », car elle est un peu trop vulgaire.

45. Miglioretti (Pascal), de Milan. — Le Piccirillo de Naples.

Figure gracieuse et élégante.

46. VELA (Vincent), de Turin. — Christophe Colomb.

Groupe colossal. Vela jouit d'une telle renommée que la discussion de ses œuvres ne pourrait la ternir. Il sera toujours l'artiste qui a créé Napoléon I à ses derniers moments, dont il a été question ci-dessus. Nous voulons exposer franchement notre opinion, d'autant plus qu'il s'agit d'un modèle qui peut s'améliorer beaucoup dans l'exécution. Vela a représenté Colomb dans toute sa réalité; c'est ainsi qu'il le conçoit. Nous aurions désiré au contraire, que l'on eût rassemblé dans cette conception tous les traits caractéristiques qui révèlent non-seulement l'individu, mais le type, sa nature entière ainsi qu'elle résulte de sa vie, de ses œuvres, c'est-à-dire Colomb qui révèle l'Amérique au monde. Nous ne saurions accepter la théorie de l'artiste. C'est une loi consacrée par l'autorité des maîtres et par le bon sens, qui défend d'appliquer les formes du sujet de genre à la grandeur du groupe épique ou monumental. En outre le manque de variété dans les masses, de mouvement dans les lignes, qui empêche de voir la figure de l'esclave sur quatre de six points principaux, les chairs un peu molles, les draperies trop minces sont à notre avis des défauts que nous espérons voir corrigés dans l'exécution définitive. Malgré ces imperfections, l'œuvre de Vela témoigne d'un grand talent et a une grande valeur.

47. TURINI (Jean), de Milan, — Angélique et Médore.

Groupe très-heureux pour la spontanéité de l'action et la correction du dessin. Quoique nous soyons partisan d'une certaine idéalité dans les têtes, nous voudrions la voir toujours puisée dans des éléments qui ne soient pas en opposition avec le vrai. Tout en reconnaissant qu'il y a du mérite dans les têtes de ce groupe, nous exprimons le désir d'y voir moins de convention.

48. PAGANI (Louis), de Milan. — Le Fornaretto

après avoir ramassé le fourreau du fatal poignard.

Il est connu que le *Fornaretto* ou *jeune boulanger* de Venise fut condamné à mort ayant été trouvé possesseur du fourreau d'un poignard qui avait servi pour tuer un noble vénitien. Le fourreau avait été jeté à terre par l'assassin en s'enfuyant : le malheureux *fornaretto* le ramassa au point du jour et le garda (*historique*)). Ce sujet ne prête pas beaucoup à la sculpture ; cependant il est bien développé et intéressant.

49. CORTI (Constantin), de Milan. —Lucifer.

C'est vraiment le Satan de Milton. Nous faisons le plus grand éloge à l'artiste pour le dessin et pour le mouvement de cette statue, tout en trouvant la tête un peu mesquine, Corti la corrigera sans doute dans l'exécution.

50. FANTACCHIOTTI (Edouard), de Florence. — Ève.

C'est une belle statue quoique un peu dure dans quelques parties. La conception n'est pas assez idéale.

51. BOTTINELLI (Antoine), de Milan.—La Toilette grecque.

Cette œuvre ne manque pas de grâce, de coquetterie ; mais le caractère laisse à désirer quelque chose, surtout dans la tête qui est un peu pesante.

42. BERNASCONI (Pierre), de Milan. — La femme adultère.

Bernasconi a voulu exprimer le repentir de la femme qui a trop aimé. L'expression de la tête est belle : l'ensemble mérite des éloges.

53. DINI (Joseph), de Turin. — La jeunesse.

54. COSTOLI (Aristodème), de Florence. —Mene-cée ou le sacrifice pour la patrie.

Statue colossale d'un mérite qui n'est pas commun. C'est une étude académique.

55. NORCHI (Hegesippe). — Agar et Samuel.

Groupe d'une expression sans affectation.

56. SAROCCHI (Tite), de Sienne. — Une Bac-chante.

Belle statue. Quoique le mouvement soit un peu trop exagéré, on peut l'accepter dans ce sujet.

57. FANTACCHIOTTI (Edouard), de Florence. — Ganymède.

Belle œuvre pour décoration.

58. ALBERTONI (Jean), de Turin. — Polymnie.

La muse représentée par Albertoni nous révèle son habi-leté.

59. BERNASCONI (Pierre), de Milan. — La fille de Jephté.

60. ALBERTONI (Jean), de Turin. — Le petit pê-cheur.

61. GALLI (Richard), deMilan.—La mendiante.

62. Le même. — Les premiers caprices.

63. BERGONZOLI (Jules), de Milan. — Les amours des anges.

Groupe d'une exécution hardie et qui a beaucoup de mérite, surtout dans la partie supérieure.

SCULPTURE ITALIENNE DANS LE SALON
DE LA TURQUIE.

—

64. SAROCCHI (Tite), de Sienne. — La première lecture.

65. VARNI (Sante), de Gênes. — Amour domptant la Force.

Très-beau groupe, et exécuté avec beaucoup d'intelligence.

66. ANGELINI (Tite), de Naples. — Portraits de Garibaldi et de Manna.

Bien exécutés et très-ressemblants.

67. ANTONINI (Joseph), de Milan. — Le Tasse.

Petite statue qui exprime la tristesse du grand poëte. Le dessin est bon, l'exécution parfaite.

68. FANTACCHIOTTI (Edouard), de Florence. — Amour et Fidélité. — Enfance de Napoléon Ier.

Le premier groupe, très-joli ; le second, gracieux travail.

69. BOTTINELLI (Antonio), de Milan. — Beatrice Cenci.

Petite et gracieuse statue.

70. COSTOLI (Aristodème), de Florence. — L'Innocence troublant les amours des papillons. — La Sensation.

Ces deux œuvres témoignent du talent de l'artiste.

———

LES BRONZES.

PAPI, de Florence. — Admirable copie en bronze, d'un seul morceau, du David de Michel-Ange existant à Florence.

Au fond de la galerie des statues du côté du parc.

MASULLI, de Naples. — Quatre statues en bronze d'après l'ancien, représentant un Silène, un Discobole, un Satyre, un Mercure.

Ce sont des chefs-d'œuvre admirables : surtout le discobole est une merveille de vérité et de sentiment.

BARZAGHI. Portrait de Victor Emmanuel en galvanoplastie.

Beau travail ; belle reproduction.

CERIANI ET FOGNOZZI. Deux bustes de Dante.
Ce sont deux œuvres estimables.

Grande table contenant une quantité d'œuvres d'art anciennes, reproduites en bronze et en terre cuite, travail digne de tout éloge exposée par Guillaume.

Dans la salle turque on trouve le Caïn de Dupré, belle fusion, par Moreni.

Dans la salle des meubles, on observe un candélabre en bronze par le vénitien Michiel. Le style en est excellent, de la meilleure époque de l'art ; l'exécution est bonne.

ARCHITECTURE.

Antoine (Cipolla), de Rome. — Dessins et modèles d'architecture, de nouvelle invention, pour la décoration du passage qui divise la Russie de l'Italie à l'Exposition.

Nous n'hésitons pas à dire que c'est la plus belle décoration de toute l'Exposition. Le style en est excellent; c'est celui du XVIe siècle, du *cinquecento* (cinq cents), comme disent les Italiens. Un artiste tel que Cipolla ne pouvait créer qu'une œuvre en tout point digne d'éloges. En effet l'on ne tarit pas en éloges là-dessus. Une fois nous avons entendu dire par un personnage russe une chose pleine de finesse et de vérité à la fois. Il regardait la décoration italienne et la russe qui sont placées l'une vis-à-vis de l'autre. Se tournant vers une personne qui l'accompagnait « voilà la civilisation » dit-il montrant la décoration italienne; ensuite montrant du doigt la décoration russe, il ajouta « et voilà la barbarie. »

LES BEAUX-ARTS APPLIQUÉS A L'INDUSTRIE.

Nous avons fini de parler des beaux-arts proprement dits. Maintenant il ne sera pas inutile de dire quelques mots sur les beaux-arts appliqués à l'industrie. Le secret de la perfection des produits industriels consiste dans l'élégance : c'est surtout par l'élégance de ses manufactures que la France a atteint le degré d'importance qu'elle occupe comme pays industriel. Ce précieux secret l'Italie l'a possédé autrefois et l'a communiqué à d'autres nations. L'ancienne prospérité de Florence, de Venise, de Gênes en font témoignage.

C'est une vérité incontestable que les arts industriels ne peuvent devenir florissants s'ils ne sont pas exercés par une population artistique. C'est aussi incontestable que les arts figuratifs ont la plus grande influence sur le progrès et sur le perfectionnement des industries, devenant par là une source de richesse et d'honneur pour une nation. Quel pays s'est trouvé à cet égard dans de meilleures conditions que l'Italie ? Lorsque toutes les manifestations de l'esprit humain atteignent chez une nation un niveau élevé, il arrive que le développement littéraire et artistique engendre des mœurs polies, des manières élégantes, et créant de nouveaux besoins crée aussi des œuvres exquises pour les satisfaire. C'est pourquoi les gouvernements ont le devoir de protéger les beaux-arts; la prospérité des États a pour base le progrès, dont le développement est impossible si l'on n'assure pas aux nouvelles générations une éducation soignée. Si les beaux-arts sont abandonnés à eux-mêmes, ils produisent des œuvres bizarres, flattent de basses passions, affaiblissant le sens moral, énervant les individus, produisant la décadence. C'est donc un devoir pour l'État de donner aide et direction aux beaux-arts, qui sans absorber de grands capitaux, rendent abondamment à l'État même le subside qu'on leur accorde.

Pendant des siècles entiers d'oppression et de malheurs l'Italie tira un profit considérable de la vente de ses œuvres d'art de la meilleure époque aux nombreux étrangers qui visitaient ce beau pays si richement doué par la nature. C'est que l'Europe gardait toujours pour elle la sympathie que lui avait acquise des siècles de gloire et de prospérité dans les beaux-arts et dans l'industrie. Il est donc important d'appeler l'attention du pays sur l'état actuel des industries italiennes qui ont des rapports plus ou moins directs avec les beaux-arts, et d'apprécier le côté économique de la question. Il ne sera pas non plus hors de propos de jeter un coup d'œil sur le développement probable de quelques-unes de ces branches d'industrie qui se présentent sous d'heureux auspices à cette Exposition universelle.

Notre exposition abonde en meubles de style du XVᵉ siècle exécutés de manière à tromper les connaisseurs les plus expérimentés. Tout en admirant ces ouvrages, nous ne saurions en encourager la production : cela n'est pas de notre temps. Nos artistes avant d'entreprendre des travaux aussi gigantesques devraient réfléchir que les conditions sociales actuelles sont bien différentes de celles de l'époque dont ils imitent aussi heureusement le style. La richesse ne se trouve plus en peu de mains, comme au moyen âge. Alors les heureux du monde, les riches pouvaient s'entourer de meubles, de coffres d'un prix immense pour la matière et pour le travail, qui absorbaient des sommes représentant de grandes fortunes de notre temps. C'est pourquoi nous recommandons à nos artistes de ne pas s'occuper de la fabrication de cette sorte de meubles. On en peut confectionner de très-beaux qui soient à la portée de tout le monde. Si l'on disait que la simplicité ne produit pas la beauté, nous répondrions que la beauté ne consiste pas dans un amas de pierres précieuses, dans un travail surchargé d'ornements. La nature, type éternel de beauté, nous présente dans le plus simple objet, fleur, feuille ou arbuste, une élégance et une harmonie de couleurs et de lignes qui le rendent supérieur

à la production artificielle la plus splendide.
Ugo Foscolo a très-bien dit dans son hymne aux
Grâces. « La fleur la plus modeste qui orne la
terre, possède des nuances enviées par la rose
superbe. » C'est pourquoi l'art et l'industrie peuvent très-bien se conformer aux exigences de-
notre temps sans perdre de leur importance et de
leur valeur. Il y a même plus de gloire à parvenir
seulement par l'élégance et la perfection des
lignes et par la simplicité de la matière à créer une
œuvre distinguée et de prix. C'est vraiment la
qualité caractéristique des époques les plus heureuses des arts, c'est le propre du style grec et
étrusque. Le plus petit produit en bijoux, en
bronzes, même un morceau d'amphore était
un monument d'art : tout avait pour base la pu-
reté d'une ligne simple autant que parfaite. Nous
voudrions que ces vérités se répandissent dans
les fabriques et les ateliers d'Italie. Nous voudrions voir les récompenses et les encouragements
subordonnés à ces considérations. Nous voudrions
enfin que notre industrie eût ce point de départ,
cette direction.

Meubles, Marqueterie, Gravure en bois et Ivoires.

Nous allons rappeler les noms dés ouvriers en meubles qui, au lieu de copier les formes anciennes avec une grande dépense et peu de probabilité de vente, ont su réunir l'élégance avec la simplicité.

Il y a d'abord le bureau de Joseph Cairoli de Milan, qui rappelle les œuvres de Scrosati et montre toute l'utilité que l'on pourrait tirer de l'alliance du style byzantin et du lombard. Nous indiquerons aussi rapidement.

a. — Les cadres en bois gravé, par Giusti (de Sienne), et par Egiste Gajani (de Florence). Ce sont des travaux surprenants pour la touche.

b. — Le beau meuble présenté par les frères Levera de Turin. C'est un chef-d'œuvre de touche et de composition.

c. — La gravure en bois d'un excellent dessin et d'une exécution également heureuse du Vénitien Vincent Corsi.

d. — Les coffrets savamment composés et exécutés par Salvatore Cocco de Palerme.

e. — Les bas-reliefs de Louis Frullini sculptés

en bois d'une manière admirable. On devrait appliquer ce genre de travail aux meubles, dans une certaine mesure. Un de ces bas-reliefs donnerait à un meuble un grand prix.

f. — Le meuble d'ébène et d'ivoire appartenant à d'Amici, exécuté par Louis Brambilla et Jean Annoni a reçu des éloges universels, mais il appartient aux meubles d'une cherté exorbitante, dont nous avons parlé ci-dessus. On peut dire que c'est là le point culminant auquel l'art peut atteindre : c'est une œuvre au-dessus de tout éloge.

g. — Le meuble de Scotti Gaëtan est de notre goût. Il est bien composé ; les masses sont bien distribuées.

h. — Le cadre de Diotisalvi Dolce est magnifique, riche, bien distribué. Nous croyons que c'est dans ce genre la meilleure œuvre de l'Exposition.

Dans la même section des meubles, l'on peut admirer les tables incrustées de pierres dures par Montetatici, Bazzanti, Betti, travaux très-estimables pour l'art et pour le goût ; les albâtres et les serpentines de Becucci ; les paniers et les coffrets de Gargiullo de Sorrento ; les ivoires de Giusti ; les gravures en bois à couleur de Polli et tant d'autres objets qui représentent l'art appliqué à l'industrie.

Nous finirons cette courte revue par les meubles de Ramelli de Milan, qui a su tirer admirablement parti de la variété des teintes des bois par un heureux assemblage. Nous désirerions le voir plus soigneux dans les lignes générales. Une seule teinte devrait dominer comme harmonie principale dans les bouquets de fleurs marquetées.

Nous voulons hautement exprimer un sentiment de satisfaction en voyant tant de chefs-d'œuvre provenant de tous les points d'Italie, sans qu'il y ait de rapport immédiat entre les fabricants, sans qu'ils aient puisé leur inspiration à la même source. C'est un résultat que l'on ne rencontre chez les autres nations qu'après des siècles d'unité et d'émulation. Nous aimons à constater cela comme présage d'un heureux avenir.

Orfévrerie et Bijouterie.

Nous nous bornerons à donner un coup d'œil à la section destinée à l'orfévrerie, en remarquant tout ce qu'il y a de plus intéressant.

a. — Un casque en fer ciselé par Guidi Gaëtan, chef-d'œuvre que l'on peut appeler parfait.

b. — Deux plats, une épée, un vase, un coffret de forme et d'exécution admirables, par Cortellazzi de Vicence.

c. — Un Triton en argent bien modelé et bien

sculpté par Franzosi de Milan. Il est d'autant plus admirable que la fusion est très-mince.

d. — Les coraux de Casalta sont très-beaux pour le travail et pour les formes, ainsi que les laves de Bruno, de Stella, de Tari. Les camées de Laudicina, les ivoires gravés en guise de camées de Calvi Gustave de Chieti, montrent avec combien de goût l'art est associé à l'industrie dans toutes ces œuvres.

e. — Les ciselés de Pieri.

f. — Les produits de Porto d'après le système Ruolz.

g. Les filigranes d'Émile Forte de Gênes.

Les bijouteries de genre pompeïen de Louis Casalta de Naples, ont beaucoup de caractère.

Castellani de Rome a eu le mérite de reproduire avec une exactitude admirable et avec le principe d'un artiste, les types des plus beaux colliers, diadèmes et cistes grecs et étrusques. Cela lui a valu un prix d'honneur.

Castellani a eu une idée heureuse; il a été aidé à la réaliser par Marsili de Florence. Ils ont formé une collection complète d'objets d'orfévrerie en usage chez les paysans de toute l'Italie, et l'ont présentée à l'Exposition universelle. Il y a là une richesse inépuisable de formes et de styles. En effet, les paysans italiens ont gardé par tradition le type, le caractère des époques les plus reculées des origines italiennes qui se perdent dans les ténèbres de l'histoire primitive. On trouve dans cette gracieuse collection des modèles dont quelques-uns sont d'une grande élégance, d'autres étranges, d'autres monumentaux, d'autres ciselés et minces comme une aile de papillon. Les objets que l'on trouve actuellement dans le commerce, reproductions massives et plates, n'ont rien à démêler avec ces produits ou ces traditions de l'art ancien, qui sont admirablement bien modelés et exécutés.

Nous appelons là-dessus l'attention des orfévres italiens. Ils devraient chercher dans la collection de Castellani les objets qui se rapportent aux différentes provinces, les imiter en les modifiant à l'usage actuel. Ils trouveraient de cette manière à exploiter des formes de toute nouveauté, tout en gardant le caractère national, en obéissant aux traditions du beau et en ouvrant une vaste source de commerce et de gain.

VERRERIE ET MOSAIQUES
de Muran, près de Venise.

Nous avons admiré à l'Exposition l'étalage des produits de la fabrique de verrerie et de mosaïques de Muran, appartenant au Dr Antoine Salviati, et salué avec joie la renaissance d'une des plus importantes industries italiennes. Quoique tout nouvellement née, elle est pourtant à la hauteur de ses meilleurs temps. C'est là un vrai triomphe pour Salviati et pour son noble pays. L'œil s'arrête avec satisfaction sur la beauté des formes, sur l'harmonie des couleurs, sur des matières précieuses rassemblées avec tant d'habileté. Nous sommes étonnés de voir cette nombreuse collection de verres, de coupes, de calices, de meubles en palissandre incrustés de calcédoines, et nous ne saurions assez exprimer notre admiration.

Nous croyons qu'il ne sera pas désagréable aux lecteurs que nous les entretenions un moment de cette source de richesse pour notre pays, d'autant plus qu'elle était depuis longtemps perdue et que de courageux et habiles chercheurs viennent de la découvrir de nouveau. La fabrique de verrerie et mosaïques de M. Salviati ne date que de sept ans ; son développement pendant une aussi courte période est vraiment étonnant.

Les réparations dont avaient besoin les mosaïques de l'église de Saint-Marc à Venise après avoir été laissées pendant longtemps dans un abandon complet, le manque total de matières premières, car les derniers bons ouvriers avaient emporté avec eux dans le tombeau le secret de la composition des pâtes, tout cela fit naître dans M. Salviati l'idée de s'occuper de cet art, de lui faire prendre un nouvel essor. Il n'épargna ni études, ni frais, ni voyages, rien de ce qui pouvait lui servir pour atteindre le but. Il eut bientôt la satisfaction de voir réussir les premiers essais d'émail en toute couleur ; il ne tarda pas à perfectionner ses procédés et fut à même de fournir à la basilique de Saint-Marc en 1860 et 1861 pour 150,000 francs d'émaux. Malheureusement ils ne furent pas encore mis en œuvre.

Ce premier résultat ne suffisait pas à Salviati. Il voulait contribuer à restituer à Venise son ancienne gloire, son ancienne richesse : il appliqua la mosaïque à tous les usages possibles dans la décoration architectonique. Il commença par fonder une école de mosaïstes sous la direction de quelques professeurs de l'Académie des beaux-arts. Tant de nobles efforts furent couronnés de succès. M. Salviati décora en peu de temps les salles des palais du vice-roi d'Égypte, Saïd-Pacha ; après ce premier essai, il reçut de nouvelles et nombreuses commandes. Il décora la basilique de Saint-Paul de Londres d'un tableau qui a la dimension de 250 pieds carrés. Il couvrit de mosaïques les voûtes de la chapelle de Windsor (2100 pieds carrés) et plaça à Westminster un grand tableau, la *cène des Apôtres*. La reine Victoria lui commanda de décorer le vestibule du mausolée royal à Frogmore et fit placer sur les parois de la chapelle les portraits de vingt-huit rois et reines d'Angleterre, onze desquels sont exposés ici à Paris. Il exécuta des tableaux pour le musée national de Kensington, et pour cinquante églises à Londres, protestantes et catholiques. La crypte et la salle du trône au palais du Parlement furent décorées par lui, ainsi que d'autres édifices publics et privés en Angleterre. L'Amérique, la Prusse et la Belgique lui donnent des commandes. L'Angleterre continue de lui commander des travaux colossaux, tels que sept grands tableaux pour l'église de Saint-Paul, la décoration intérieure et extérieure du monument du prince Albert à Hyde-Park et de celui en l'honneur de Wedgwood à Burslem. Le revêtement complet de l'intérieur de la grande cathédrale de Charlemagne à Aix-la-Chapelle et d'autres commandes reçues de Wurtemberg, Bruxelles, Cologne etc., montrent quelle source de richesses est cet établissement pour Venise. Cela suffirait à prouver que ces œuvres sont exécutées avec habileté. « Ces produits, disait le *Times* en 1862, sont la plus parfaite imitation des mosaïques byzantines ; elles sont non-seulement semblables à celles-ci, mais aussi supérieures en plusieurs choses. » Il est à remarquer que 160 ouvriers sont occupés dans cette branche d'industrie de l'établissement Salviati.

Le Dr Salviati ne crut pas avoir accompli tout son œuvre par la renaissance de l'art des mosaïques ; il s'attacha aussi à rendre à sa chère patrie les calcédoines artificielles et les verres soufflés. Il n'y a que seize mois qu'il commença de s'occuper de la fabrication de ceux-ci. Il s'occupait des calcédoines même pendant la fabrication des grandes mosaïques. On peut voir à l'Exposition les admirables résultats obtenus par M. Salviati. Soixante-quinze ouvriers sont continuellement occupés dans cette industrie : la demande en est telle que les produits de ses ateliers sont insuffisants.

Il manquait un dernier triomphe à l'établissement Salviati. Les verres colorés pour vitraux de grands édifices furent autrefois une branche importante de l'industrie vénitienne. Ce vide vient d'être comblé. M. le chevalier Schmidt, architecte de la cathédrale de Vienne, et M. Essenwein, architecte et président du musée de Nuremberg, qui ont commandé à M. Salviati la grande fenêtre de l'église Saint-Étienne, ont déclaré excellents les verres colorés de Muran.

Toutes ces branches d'industrie qui viennent de renaître en peu d'années par les soins et l'activité de M. Salviati, forment un véritable élément de prospérité nationale et font le plus grand honneur à Venise, à l'Italie. Cependant ce n'est pas en Italie que M. Salviati fut soutenu dans ces nobles efforts. Après tant d'essais, de fatigues, de dépenses il dut recourir au crédit étranger, ne trouvant pas d'encouragement et de capitaux dans sa patrie. Ce fut en Angleterre que l'industrie créé par ce brave Italien fut appréciée et soutenue; ce fut M. Layard qui créa une société de capitalistes pour venir en aide à M. Salviati. L'Italie est redevable au noble homme d'État anglais si cette industrie n'a pas péri dans son berceau.

Après avoir parlé des produits des ateliers appartenant à M. Salviati et qui sont largement représentés à l'Exposition universelle, ce serait injuste de ne pas dire quelques mots des objets présentés par Bigaglia et par Scordilli, de Venise aussi. Ce sont des tables en pâtes vitreuses, admirablement bien dessinées. L'exécution aussi est parfaite. Bigaglia est le principal fabricant vénitien de *conterie*, c'est-à-dire de perles artificielles de toute couleur. C'est pour Venise une spécialité et une branche importante d'exportation. Bigaglia en a présenté à l'Exposition un spécimen très-remarquable.

ART CÉRAMIQUE.

Les premières imitations de la porcelaine de la Chine et du Japon ont été faites en Italie, à Pesaro. C'est maître Georges Andreoli de Gubbio qui a réussi le premier en Europe à en obtenir des essais.

C'est un Allemand, Röttiger de Dresde, qui perfectionna cette branche importante de l'art céramique inventée par les Chinois et devinée par le génie italien. Il trouva par hasard le *Kaolin*, vraie base de cette industrie. Le gouvernement saxon la prit sous sa protection et exploita seul le secret du Kaolin.

Vers l'année 1732, un ouvrier qui s'était enfui de la fabrique des porcelaines en Saxe, révéla, à Vienne, le secret. Ce fut alors que cette industrie se répandit dans toute l'Europe et que se formèrent la fabrique de Sèvres en France et celle de Doccia en Toscane, fondée par le marquis Ginori. Cette noble famille consacra tous ses soins au développement de cet art pendant une période de cent trente-cinq ans. Les expositions universelles qui ont lieu depuis une quinzaine d'années, ont constaté les progrès accomplis par la fabrique de Doccia.

Les produits de Ginori ont un mérite qui n'est pas commun. Si les porcelaines de Sèvres sont rivales de celles de Doccia, il faut avouer que celles-ci sont supérieures pour les produits à l'usage du XVIe siècle et rivalisent avec ceux de Della Robbia et de maître Georges.

Nous sommes persuadé qu'en apportant plus de soin dans le dessin, on réussira aussi à mieux combiner les nuances de la couleur. L'art céramique fera de plus en plus honneur à l'Italie et deviendra aussi pour elle une source de richesse.

Une autre fabrique de porcelaines est celle de M. Richard, à Milan. Elle est importante pour la quantité de ses produits, qui embrassent toutes les branches de l'art céramique. Nous voudrions y voir un dessin plus correct, des formes plus élégantes.

Ce ne sont pas là les seules fabriques existant en Italie : il y a plusieurs maisons qui auraient pu se mettre sur les rangs et dont les produits ne sont pas inférieurs à ceux qui sortent des fabriques étrangères. L'art céramique est aussi en progrès dans ce pays auquel il a dû plusieurs époques de splendeur.

Photographie.

Le développement de cette branche de l'art appliqué à l'industrie n'est pas inférieur, en Italie,

à celui d'aucun autre pays. L'étalage photogra-
phique de collections, d'études, de tableaux, d'objets naturels, de portraits, d'agrandissements mi-
croscopiques témoignent de l'habileté de Naya,
Alinari, Sorgato, Bernoud, Riva, Perini, Sommer,
etc. M. le professeur Carlevaris, par son invention
de la lumière tirée de l'oxyde de magnésium, offre
un vaste champ à la photographie. Cela rendra son
nom cher à ceux qui cultivent cet art si important
et si répandu.

Nous ne terminerons pas cette courte revue des
arts appliqués à l'industrie, sans inviter le visiteur
à parcourir la section des Italiens de Rome.

Le nombre des exposants est bien petit; mais
l'on doit réfléchir aux circonstances exception-
nelles qui ont empêché que Rome ne fût représentée plus dignement.

Tout le monde sait que dans la ville éternelle
toutes les branches de l'art appliqué à l'industrie
comptent d'éminents artistes.

En visitant les produits romains, on en trou-
vera de fort beaux. Nous signalerons entre autres
les petits bureaux à tablettes et tiroirs d'ébène
marquetés en ivoire de Jean-Baptiste Gatti, qui
rivalisent avec les beaux meubles de toute la section italienne. Les bijouteries en or de Cipriani,
Dorelli et Destrada, les vases de malachite, les
petites mosaïques, les tables incrustées de mar-

bres romains d'Hector Geraldini, les vases d'al-
bâtre de Rainaldi, les fameux camées de Saulini
et de Pascoli, les mosaïques de Barberi, les petites
boîtes en pierre dure de Geraldini, les reliures
d'Olivieri, et tant d'autres objets montrent avec
quelle habileté l'art est appliqué à l'industrie dans
la première ville d'Italie.

Voici la conclusion de cette rapide revue des
produits italiens de beaux-arts et des arts industriels qui ont le plus de rapports avec ceux-ci.
L'Italie n'est inférieure là-dessus à aucun des pays
qui sont depuis longtemps politiquement forts,
constitués, organisés. Il s'agissait avant tout pour
les Italiens d'exister comme nation indépendante,
de faire tomber les barrières qui les séparaient et
entravaient le développement du travail national.
Ce grand but étant presque complétement atteint,
il est à espérer que l'Italie prendra bientôt pour
l'industrie la place qui lui appartient parmi les
grandes nations. Elle l'a déjà pour ce qui lui a
donné même pendant les plus tristes époques de
son histoire, un reflet de gloire, pour les beaux-
arts. Le visiteur éclairé et impartial de l'Exposition
universelle reconnaîtra sans doute que l'étincelle
du génie brille toujours en Italie. Les inventions
de Carlevaris et de Brunetti et les statues de Dupré
suffisent pour le prouver.

TABLE ALPHABÉTIQUE

DES EXPOSANTS

ARTISTES ET INDUSTRIELS

nommés dans cette brochure.

INDEX.

Paris. — Imprimé par E. Thunot et Cᵉ, 26, rue Racine.

Paris. — Imprimé par E. Thunot et Ce, 26, rue Racine.